LES PARTIES D'UNE PLANTE

LES TIGES

Un livre de la collection
Les racines de Crabtree

ALICIA RODRIGUEZ

CRABTREE
Publishing Company
www.crabtreebooks.com

Soutien de l'école à la maison pour les parents, les gardiens et les enseignants

Ce livre aide les enfants à se développer grâce à la pratique de la lecture. Voici quelques exemples de questions pour aider le lecteur ou la lectrice à développer ses capacités de compréhension. Les suggestions de réponses sont indiquées en rouge.

Avant la lecture

- De quoi ce livre parle-t-il?
  - *Ce livre parle des tiges des plantes.*
  - *Ce livre explique à quoi ressemble une tige.*

- Qu'est-ce que je veux apprendre sur ce sujet?
  - *Je veux savoir ce qu'est une tige.*
  - *Je veux apprendre à quoi ressemble une tige.*

Pendant la lecture

- Je me demande pourquoi...
  - *Je me demande pourquoi certaines tiges sont recouvertes d'écorce.*
  - *Je me demande pourquoi certaines tiges sont longues.*

- Qu'est-ce que j'ai appris jusqu'à présent?
  - *J'ai appris que je peux manger certaines tiges.*
  - *J'ai appris que certaines tiges sont petites.*

Après la lecture

- Nomme quelques détails que tu as retenus.
  - *J'ai appris que les tiges peuvent être de différentes tailles et longueurs.*
  - *J'ai appris que certaines tiges ont des épines.*

- Lis le livre à nouveau et cherche les mots de vocabulaire.
  - *Je vois le mot **tige** à la page 3 et le mot **épines** à la page 8. Les autres mots de vocabulaire se trouvent à la page 14.*

Ceci est une **tige**.

Certaines tiges
sont longues.

Certaines tiges sont petites.

Certaines tiges
ont des **épines**.

Certaines tiges sont recouvertes d'**écorce**.

Tu peux manger certaines tiges!

List de mots

Mots courants

certaines ont une
est sont

La boîte à mots

écorce

épines

tige

27 mots

Ceci est une **tige**.

Certaines tiges sont longues.

Certaines tiges sont petites.

Certaines tiges ont des **épines**.

Certaines tiges sont recouvertes d'**écorce**.

Tu peux manger certaines tiges!

LES PARTIES D'UNE PLANTE

LES TIGES

Autrice : Alicia Rodriguez
Conception : Rhea Wallace
Développement de la série : James Earley
Correctrice : Ellen Rodger
Conseils pédagogiques : Marie Lemke M.Ed.
Traduction : Annie Evearts
Coordinatrice à l'impression : Katherine Berti

Références photographiques :
Shutterstock : Aman K : couverture;
HTU : p. 1; T-Photo : p. 3, 14;
MintImages : p. 5; S.O.E : p. 6-7;
Daniela Mihaylova : p. 8, 14;
bouybin : p. 11, 14; Toey Toey : p. 13

Crabtree Publishing Company
www.crabtreebooks.com 1-800-387-7650

Publié aux États-Unis
Crabtree Publishing
347 Fifth Avenue
Suite 1402-145
New York, NY, 10016

Publié au Canada
Crabtree Publishing
616 Welland Ave.
St. Catharines, Ontario
L2M 5V6

Imprimé au Canada/062021/CPC

Catalogage avant publication de Bibliothèque et Archives Canada
Titre: Les tiges / Alicia Rodriguez ; texte français d'Annie Evearts.
Autres titres: Stems. Français.
Noms: Rodriguez, Alicia, auteur.
Description: Mention de collection: Les parties d'une plante | Les racines de Crabtree | Traduction de : Stems. | Comprend un index.
Identifiants: Canadiana (livre imprimé) 20210268492 | Canadiana (livre numérique) 20210268549 | ISBN 9781039606173 (couverture souple) | ISBN 9781039606234 (HTML) | ISBN 9781039606296 (EPUB) | ISBN 9781039606357 (livre numérique avec narration)
Vedettes-matière: RVM: Tiges—Ouvrages pour la jeunesse. | RVMGF: Documents pour la jeunesse.
Classification: LCC QK646 .R6314 2022 | CDD j575.4—dc23